Impressum
Verlag: BABADADA GmbH, Nedderfeld 112 , 22529 Hamburg
Geschäftsführer / Verlagsleitung: Harald Hof
Druck: Books on Demand GmbH, In de Tarpen 42, 22848 Norderstedt

Imprint
Publisher: BABADADA GmbH, Nedderfeld 112 , 22529 Hamburg, Germany
Managing Director / Publishing direction: Harald Hof
Print: Books on Demand GmbH, In de Tarpen 42, 22848 Norderstedt, Germany

School

la escuela

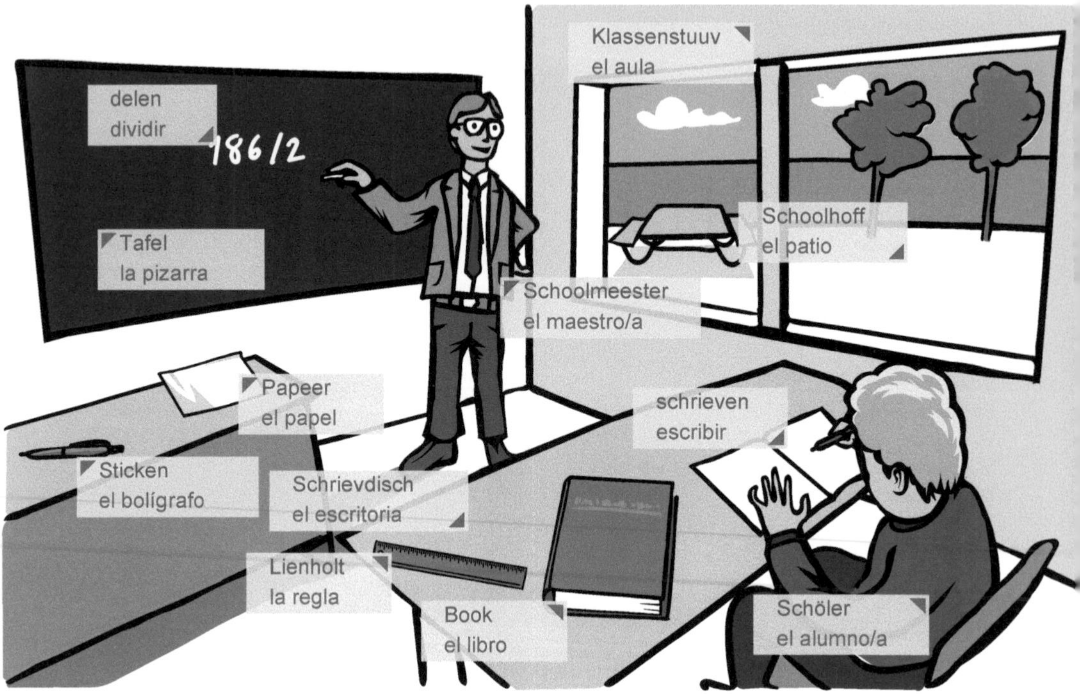
Klassenstuuv
el aula
delen
dividir
186/2
Tafel
la pizarra
Schoolhoff
el patio
Schoolmeester
el maestro/a
Papeer
el papel
schrieven
escribir
Sticken
el bolígrafo
Schrievdisch
el escritoria
Lienholt
la regla
Book
el libro
Schöler
el alumno/a

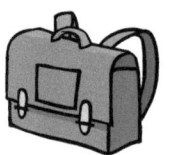

Ranzel

la cartera

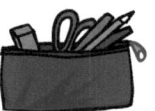

Feddermapp

la caja de lápices

Bleesticken

el lápiz

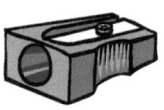

Scharpmaker

el sacapuntas

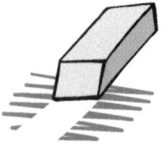

Radeergummi

la goma de borrar

Tekenblock

el cuaderno de dibujo

Teken

el dibujo

Pinsel

el pincel

Malkassen

la caja de pinturas

Scheer

las tijeras

Klever

el pegamento

Heft to'n Öven

el cuaderno de ejercicios

Huusopgaav

los deberes

Tall

el número

tohooptellen

sumar

aftrecken

restar

malnehmen

multiplicar

reken

calcular

Bookstaav

la letra

ABC

el alfabeto

Woort

la palabra

Text
....
el texto

lesen
....
leer

Kried
....
la tiza

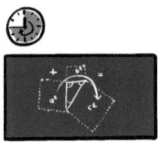

Stunn
....
la lección

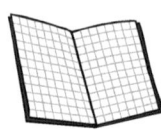

Klassenbook
....
el cuaderno de notas

Pröven
....
el examen

Tüügnis
....
el certificado

Schooluniform
....
el uniforme

Utbillen
....
la educación

Nakieksel
....
la enciclopedia

Universität
....
la universidad

Mikroskop
....
el microscopio

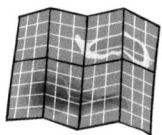

Koort
....
el mapa

Papeerkorf
....
la papelera

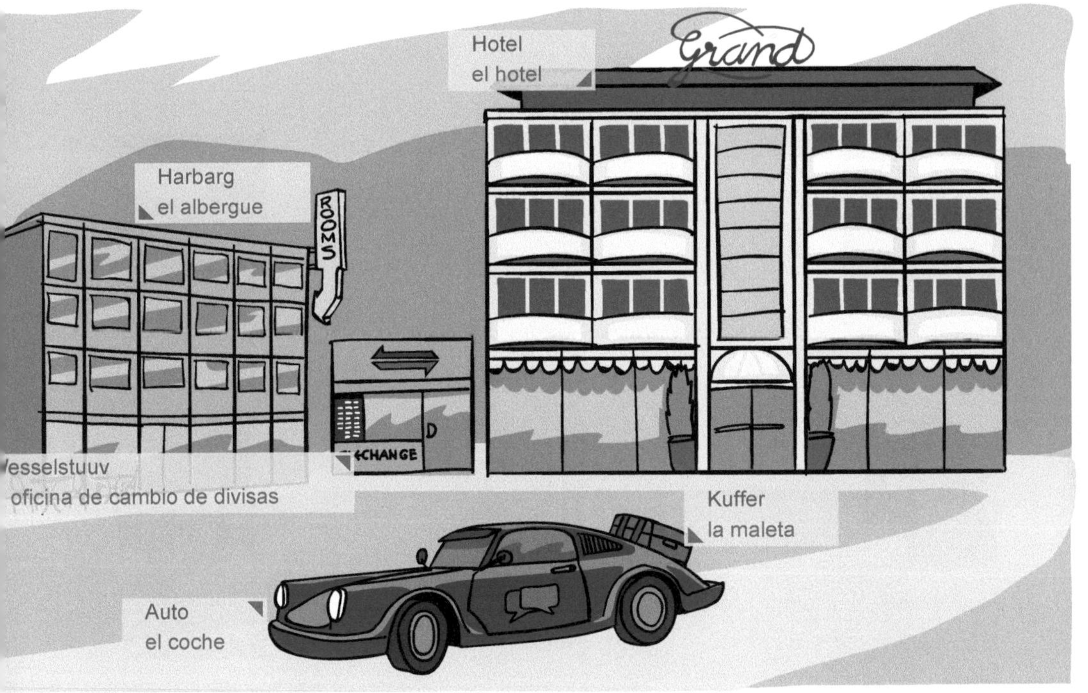
Hotel
el hotel
Grand
Harbarg
el albergue
ROOMS
CHANGE
esselstuuv
oficina de cambio de divisas
Kuffer
la maleta
Auto
el coche

Spraak
el idioma

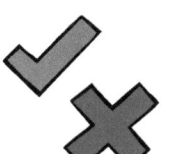

jo / ne
sí / no

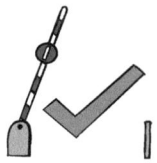

Jo
Vale

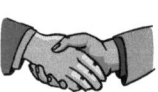

Moin
hola

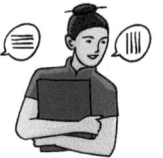

Översetter
el traductor

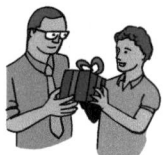

Dank ok
Gracias

Wat kost...?

¿cuánto es...?

Ik verstah nich

No entiendo

Problem

el problema

Goden Avend

¡Buenas tardes!

Moin!

¡Buenos días!

Gode Nacht!

¡Buenas noches!

Tschüüs

adiós

Richt

la dirección

Bagaasch

el equipaje

Tasch

la bolsa

Rüchsack

la mochila

Gast

el invitado

Stuuv

la habitación

Slaapsack

el saco de dormir

Telt

la tienda de campaña

Touristeninformatschoon

la información turística

Strand

la playa

Kreditkoort

la tarjeta de crédito

Fröhstück

el desayuno

Meddageten

el almuerzo

Avendeten

la cena

Fohrkort

el billete

Fohrstohl

el ascensor

Breefmark

el sello

Grenz

la frontera

Toll

la aduana

Bottschop

la embajada

Visum

la visa

Pass

el pasaporte

Transport

el transporte

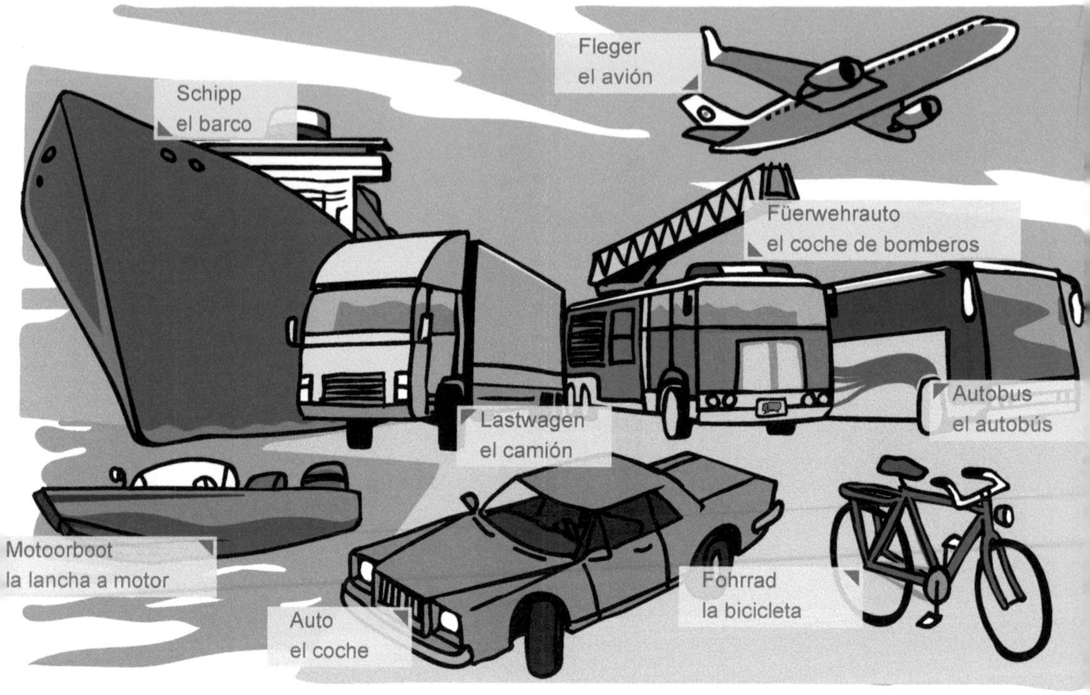
Fleger
el avión
Schipp
el barco
Füerwehrauto
el coche de bomberos
Autobus
el autobús
Lastwagen
el camión
Motoorboot
la lancha a motor
Fohrrad
la bicicleta
Auto
el coche

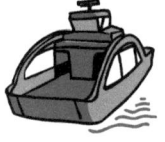

Fähr

el transbordador

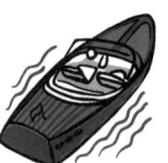

Boot

la barca

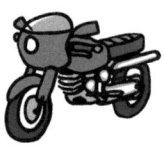

Motoorrad

la moto

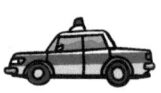

Polizeiauto

el coche de policía

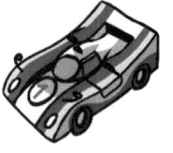

Rönnauto

el coche de carreras

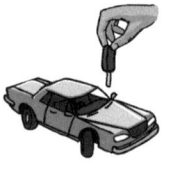

Lehnwagen

el coche de alquiler

Carsharing

el préstamo de vehículos

Afsleepwagen

la grúa

Müllauto

el camión de la basura

Motoor

el motor

Kraftstoff

la gasolina

Tanksteed

la gasolinera

Verkehrsschild

la señal de tráfico

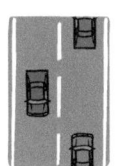

Verkehr

el tráfico

Stau

el atasco

Afstellplatz

el aparcamiento

Bahnhoff

la estación de tren

Sporen

las vías

Tog

el tren

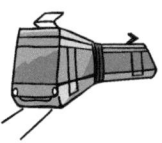

Stratenbahn

el tranvía

Wagon

el vagón

Dwarsmöhl

el helicóptero

Flooghaven

el aeropuerto

Tower

la torre

Fohrgast

el pasajero

Grootkist

el contenedor

Karton

la caja de cartón

Koor

la carretilla

Korf

la cesta

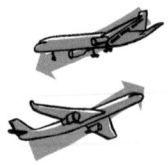

starten / lannen

despegar / aterrizar

Stadt

la ciudad

Dörp

el pueblo

Binnenstadt

el centro de la ciudad

Huus

la casa

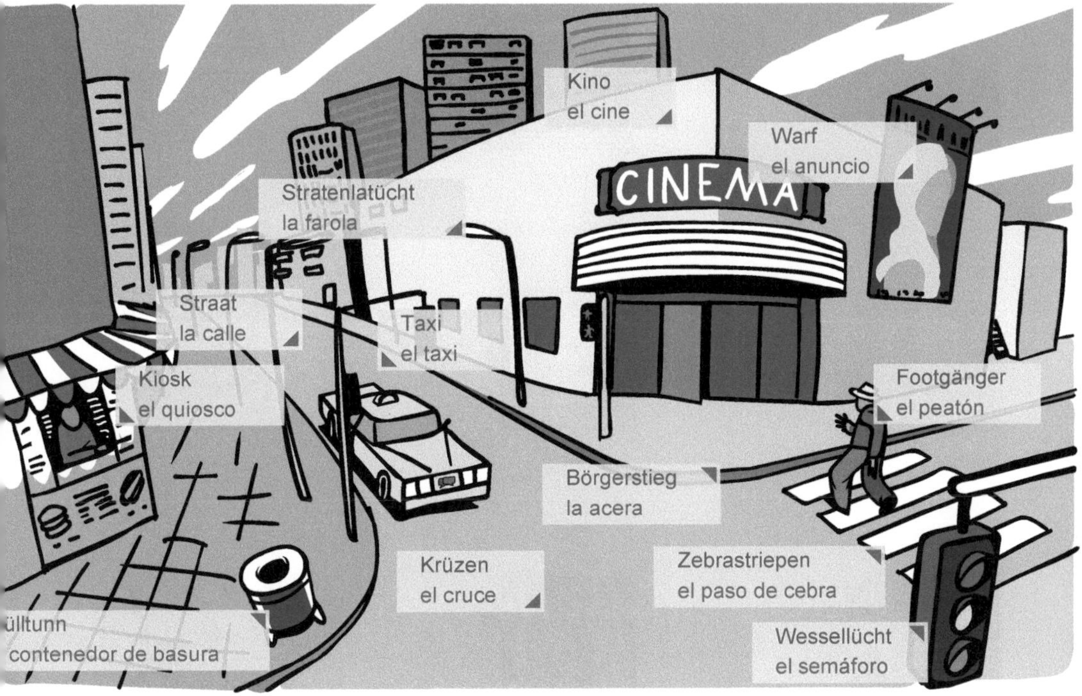

Kino
el cine

Warf
el anuncio

Stratenlatücht
la farola

CINEMA

Straat
la calle

Taxi
el taxi

Footgänger
el peatón

Kiosk
el quiosco

Börgerstieg
la acera

Krüzen
el cruce

Zebrastriepen
el paso de cebra

ülltunn
contenedor de basura

Wessellücht
el semáforo

Hütt

la cabaña

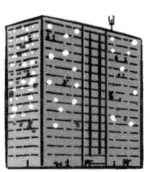

Wahnung

el apartamento

Bahnhoff

la estación de tren

Raathuus

el ayuntamiento

Museum

el museo

School

la escuela

Universität

la universidad

Bank

el banco

Krankenhuus

el hospital

Hotel

el hotel

Afteek

la farmacia

Büro

la oficina

Bookhökerie

la librería

Hökerie

la tienda de campaña

Blomenhökerie

la floristería

Supermarkt

el supermercado

Markt

el mercado

Koophuus

los grandes almacenes

Fischhökerie

la pescadería

Inkoopszentrum

el centro comercial

Haven

el puerto

Stadt - la ciudad

Parkanlaag

el parque

Bank

el banco

Brüch

el puente

Trepp

las escaleras

Ünnergrundbahn

el metro

Tunnel

el túnel

Busstoppsteed

la parada de autobús

Bar

el bar

Spieslokal

el restaurante

Breefkassen

el buzón

Stratenschild

el poste indicador

Parkklock

el parquímetro

Deertenpark

el zoo

Baadanstalt

la piscina

Moschee

la mezquita

Buernhoff

la granja

Ümweltversmudden

la contaminación

Karkhoff

el cementerio

Kark

la iglesia

Speelplatz

el patio de juego

Tempel

el templo

Landschop

el paisaje

Blatt
la hoja

Wiespahl
la señal

Weg
el camino

Wisch
el prado

Steen
la piedra

Wannerer
el excursionista

Boom
el árbol

Fluss
el río

Gras
la hierba

Bloom
la flor

Daal

el valle

Barg

la colina

See

el lago

Holt

el bosque

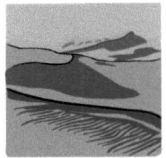

Wööst

el desierto

Füerspien Barg

el volcán

Slott

el castillo

Regenbagen

el arcoíris

Poggenstohl

el champiñón

Palm

la palmera

Steekmück

el mosquito

Fleeg

la mosca

Miegeemk

la hormiga

Imm

la abeja

Spinn

la araña

Sebber

el escarabajo

Pogg

la rana

Katteker

la ardilla

Swienegel

el erizo

Haas

la liebre

Uul

la lechuza

Vagel

el pájaro

Swaan

el cisne

Wildswien

el jabalí

Hirsch

el ciervo

Elk

el alce

Staudamm

la presa

Windrad

la turbina eólica

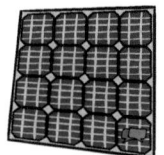

Solarmodul

el panel solar

Klima

el clima

Spieslokal
el restaurante

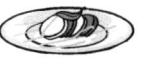

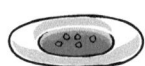

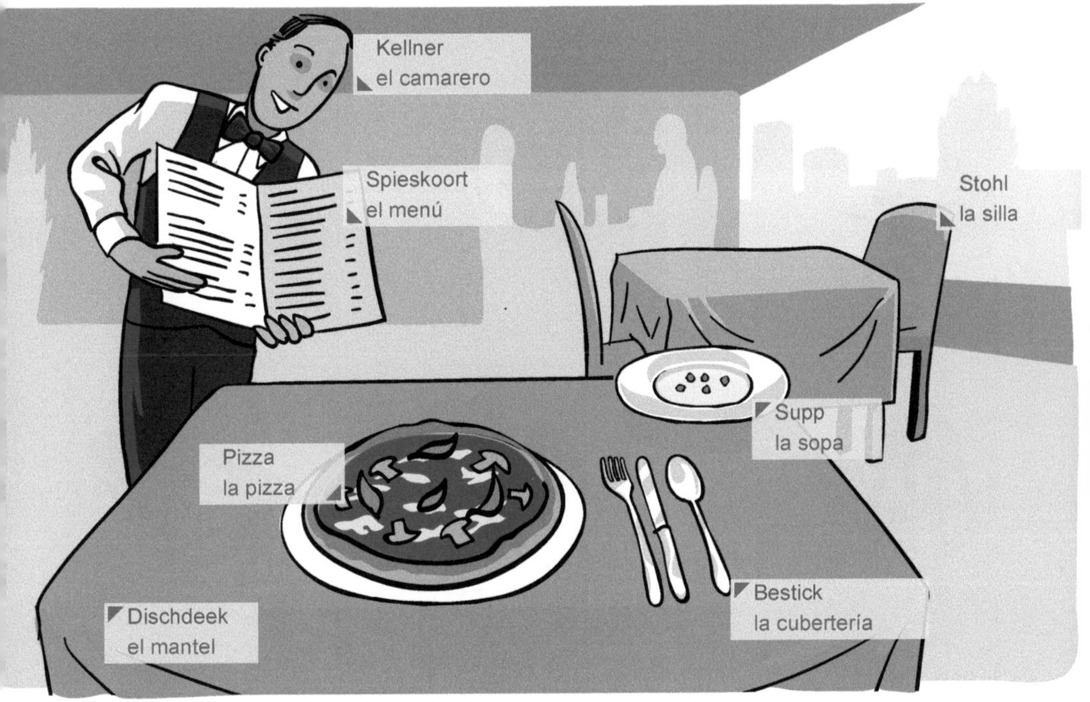
Kellner
el camarero
Spieskoort
el menú
Stohl
la silla
Supp
la sopa
Pizza
la pizza
Bestick
la cubertería
Dischdeek
el mantel

Vörspies

el primer plato

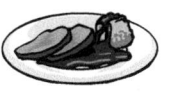

Haupteten

el plato principal

Nadisch

el postre

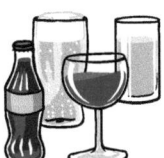

Drünk

las bebidas

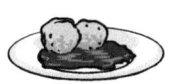

Eten

la comida

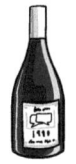

Buddel

la botella

Fastfood

la comida rápida

Strateneten

la comida callejera

Teekann

la tetera

Zuckerdoos

el azucarero

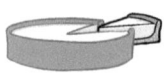

Portschoon

la porción

Espressomaschien

la cafetera expreso

Hoochstohl

la trona

Reken

la cuenta

Tablett

la bandeja

Mess

el cuchillo

Gavel

el tenedor

Lepel

la cuchara

Teelepel

la cucharilla

Munddook

la servilleta

Glas

el vaso

Töller

el plato

Suppentöller

el plato hondo

Ünnertass

el platillo

Sooß

la salsa

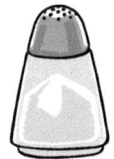

Soltstreuer

el salero

Pepermöhl

el molinillo de pimienta

Etig

el vinagre

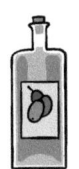

Ööl

el aceite

Krüder

las especias

Ketchup

el ketchup

Mostrich

la mostaza

Mayonnaise

la mayonesa

Supermarkt
el supermercado

Anbott
la oferta especial
FOR
Kunn
el cliente
Melkprodukten
los lácteos
Aaft
la fruta
Inkoopswagen
el carro de compra

BUTCHERS

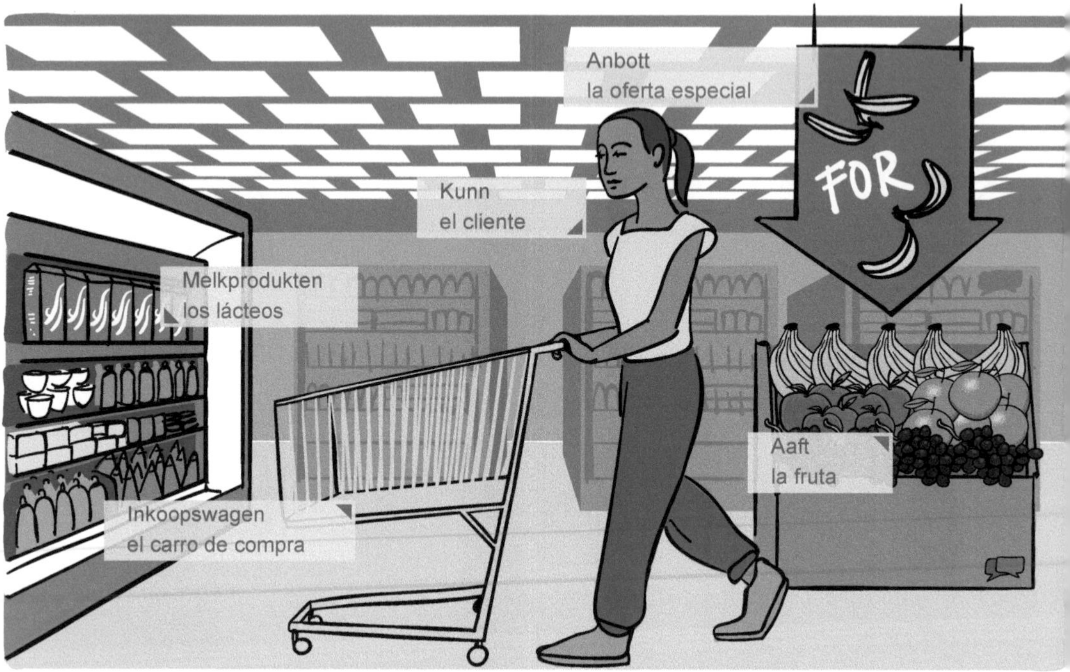

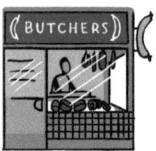

Slachterie

la carniceria

BAKERY

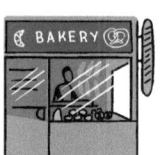

Bäckerie

la panadería

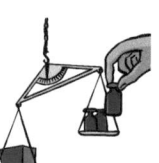

wegen

pesar

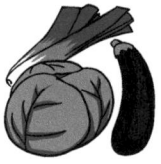

Gröönsaken

las verduras

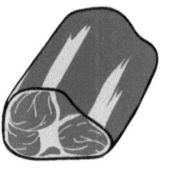

Fleesch

la carne

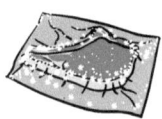

Deepköhlkost

los alimentos congelados

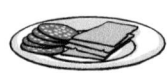

Opsnitt

los fiambres

Konserven

las conservas

Waschmiddel

el detergente en polvo

Snoopkraam

los dulces

Huushooltssaken

productos de uso doméstico

Reinmaaktüüch

productos de limpieza

Verköpersche

la vendedora

Kass

la caja de cartón

Kasserer

el cajero

Inkoopslist

la lista de la compra

Opsparrtieden

el horario de atención al público

Breeftasch

la cartera

Kreditkoort

la tarjeta de crédito

Tasch

la bolsa de plástico

Plastiktüüt

la bolsa de plástico

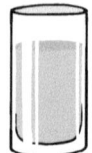

Water
....
el agua

Saft
....
el zumo

Melk
....
la leche

Cola
....
la cola

Wien
....
el vino

Beer
....
la cerveza

Spriet
....
el alcohol

Kakao
....
el cacao

Tee
....
el té

Koffie
....
el café

Espresso
....
el expreso

Cappucino
....
el capuchino

Banaan

el plátano

Appel

la manzana

Appelsien

la naranja

Meloon

el melón

Zitroon

el limón

Wöttel

la zanahoria

Knuuvlook

el ajo

Bambus

el bambú

Zibbel

la cebolla

Poggenstohl

el champiñón

Nööt

las avellanas

Nudeln

los fideos

Spaghetti

las espagueti

Ries

el arroz

Salat

la ensalada

Pommes frites

las patatas fritas

Braadkantüffeln

las patatas fritas

Pizza

la pizza

Hamborger

la hamburguesa

Sandwich

el sándwich

Snitzel

el filete

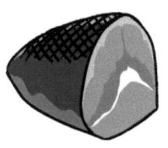

Schinken

el jamón

Salami

le salami

Wust

la salchicha

Hohn

el pollo

Braden

el asado

Fisch

el pescado

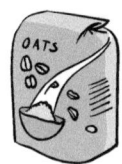

Haverflocken

los copos de avena

Müsli

el muesli

Cornflakes

los copos de maíz

Mehl

la harina

Croissant

el cruasán

Rundstück

el panecillo

Broot

el pan

Toast

la tostada

Keksen

las galletas

Botter

la mantequilla

Quark

la cuajada

Koken

el pastel

Ei

el huevo

Spegelei

el huevo frito

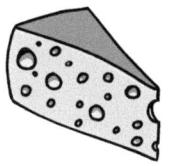

Kees

el queso

Ies
el helado

Zucker
el azúcar

Honnig
la miel

Marmelaad
la mermelada

Nougat-Creme
la crema de turrón

Curry
el curry

Buernhoff
la granja

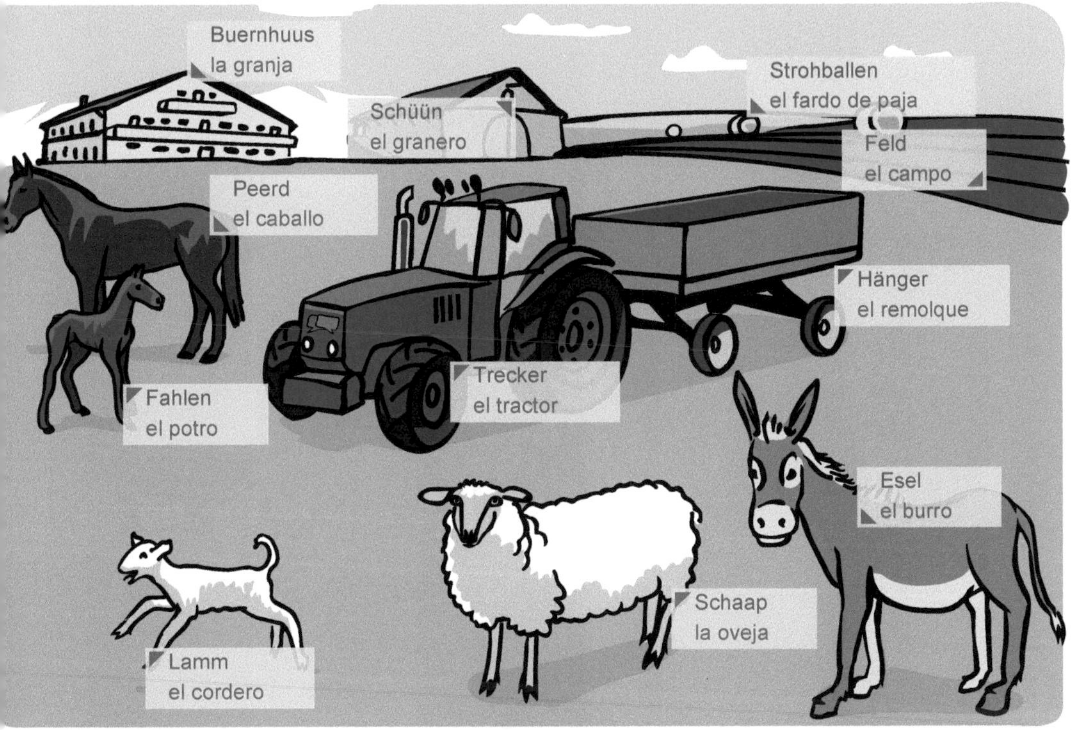
Buernhuus
la granja
Schüün
el granero
Strohballen
el fardo de paja
Feld
el campo
Peerd
el caballo
Hänger
el remolque
Trecker
el tractor
Fahlen
el potro
Esel
el burro
Schaap
la oveja
Lamm
el cordero

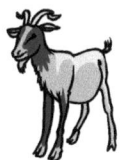

Zeeg
la cabra

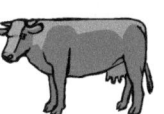

Koh
la vaca

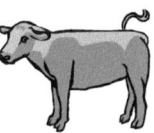

Kalf
el ternero

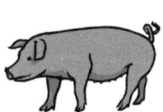

Swien
el cerdo

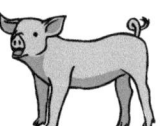

Farken
el cerdito

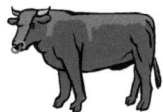

Bull
el toro

Goos

el ganso

Aant

el pato

Küken

el pollo

Hohn

la gallina

Hahn

el gallo

Rott

la rata

Katt

el gato

Muus

el ratón

Oss

el buey

Hund

el perro

Hunnenhütt

la perrera

Goornslauch

la manguera

Geetkann

la regadera

Lee

la guadaña

Ploog

el arado

Sich

la hoz

Hack

la azada

Mestfork

la horca

Ext

el hacha

Schuufkoor

la carretilla

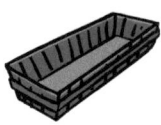

Trog

el abrevadero

Melkkann

la lechera

Sack

el saco

Tuun

la valla

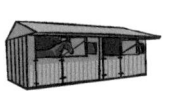

Stall

el establo

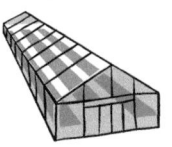

Drievhuus

el invernadero

Bodden

el suelo

Saat

la semilla

Dünger

el fertilizador

Meihdöscher

la cosechadora

oornen

cosechar

Oorn

la cosecha

Yamswöttel

el ñame

Weten

el trigo

Soja

el soja

Kantüffel

la patata

Törksche Weten

el maíz

Rapp

la semilla de colza

Aaftboom

el árbol frutal

Troopsch Kantüffel

la mandioca

Koorn

las cereales

Huus
la casa

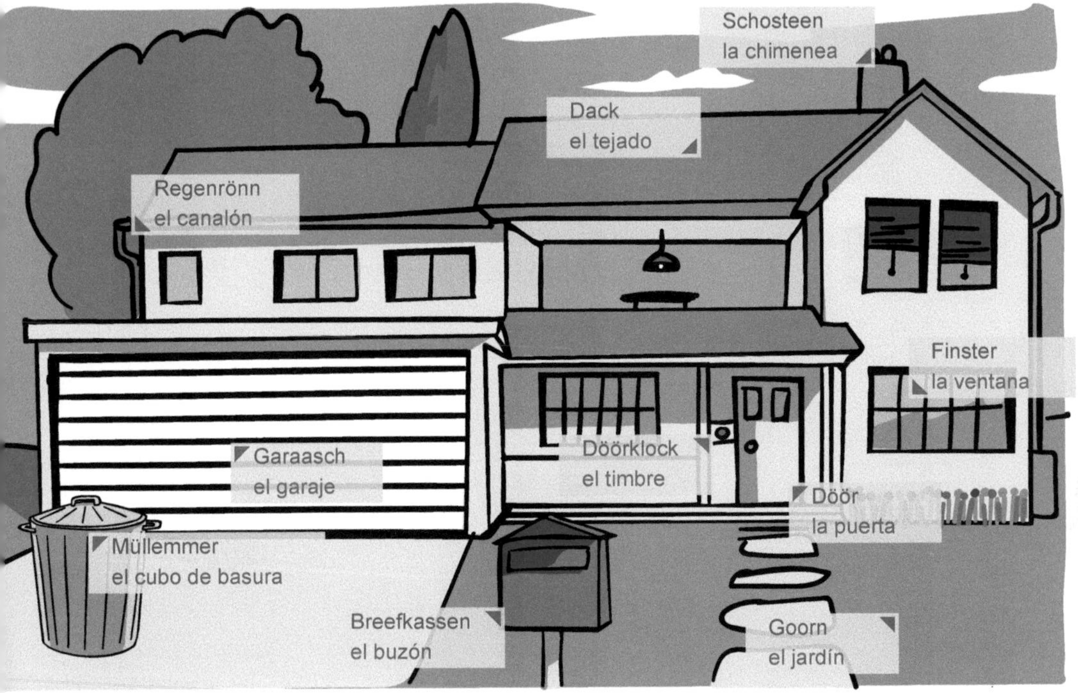
Schosteen
la chimenea
Dack
el tejado
Regenrönn
el canalón
Finster
la ventana
Garaasch
el garaje
Döörklock
el timbre
Döör
la puerta
Müllemmer
el cubo de basura
Breefkassen
el buzón
Goorn
el jardín

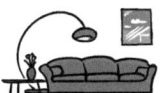

Wahnstuuv
....
la sala

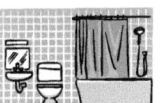

Baadstuuv
....
el cuarto de baño

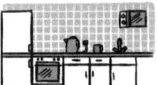

Köök
....
la cocina

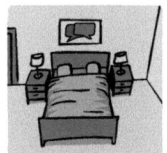

Slaapstuuv
....
el dormitorio

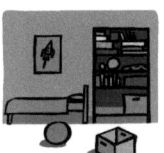

Kinnerstuuv
....
la habitación de los niños

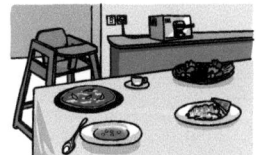

Eetstuuv
....
el comedor

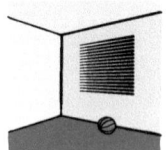

Footbodden

el suelo

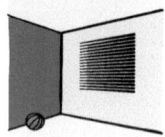

Wand

la pared

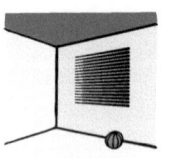

Deek

el techo

Keller

el sótano

Hittluftbad

la sauna

Balkon

el balcón

Terrass

la terraza

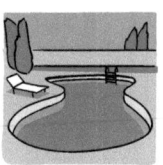

Swümmbad

la piscina

Rasenmeiher

el cortacésped

Bettbetog

la sábana

Bettdeek

la colcha

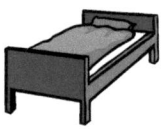

Puuch

la cama

Bessen

la escoba

Emmer

el balde

Schalter

el interruptor

Wahnstuuv

la sala

Tapeet
el papel pintado
Bild
la imagen
Lamp
la lámpara
Regal
el estante
Schapp
el armario
Kiekkassen
la televisión
Kamin
la chimenea
Bloom
la flor
Küssen
el cojín
Sofa
el sofá
Vaas
el jarrón
Feernbedenen
el mando a distancia

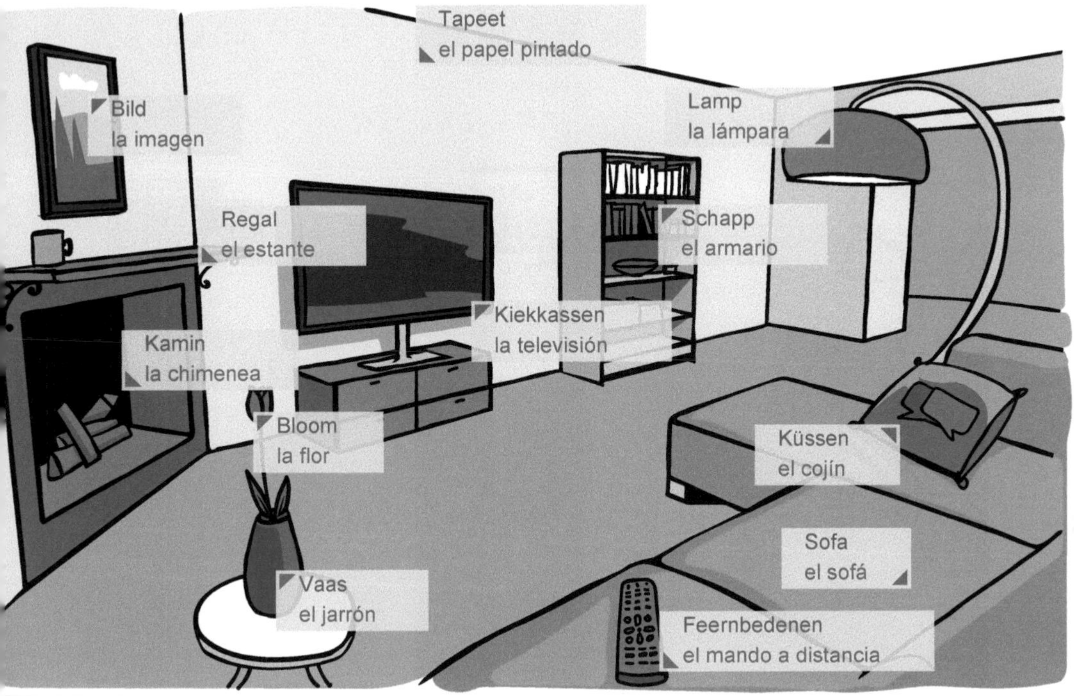

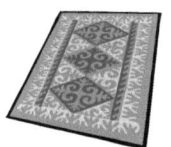

Teppich

la alfombra

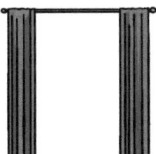

Vörhang

la cortina

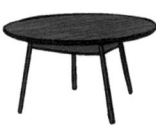

Disch

la mesa

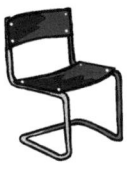

Stohl

la silla

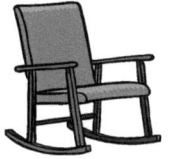

Schuckelstohl

el mecedora

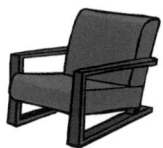

Sessel

la butaca

Book
....
el libro

Deek
....
la manta

Dekoratschoon
....
la decoración

Füerholt
....
la leña

Film
....
la película

Stereoanlaag
....
el equipo de música

Slötel
....
la llave

Narichtenblatt
....
el periódico

Gemälde
....
la pintura

Poster
....
el póster

Radio
....
la radio

Opschrievblock
....
el cuaderno

Huulbessen
....
la aspiradora

Kaktus
....
el cactus

Kars
....
la vela

Köök
la cocina

Köhlschapp
el refrigerador
Mikrowell
el microondas
Kökenwaag
la balnza de cocina
Toaster
la tostadora
Reinmaakmiddel
el detergente
Backaven
el horno
Gefreerfack
el congelador
Müllemmer
el cubo de basura
Opwaschmaschien
el lavavajillas

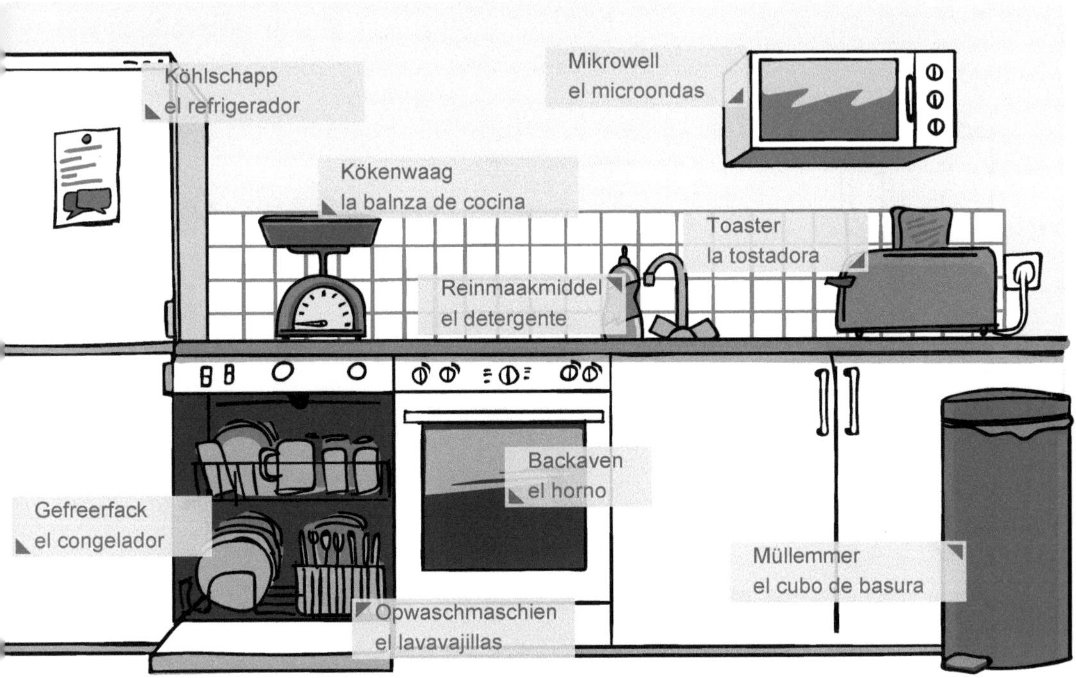

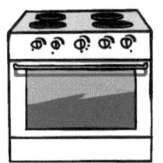

Heerd

la olla a presión

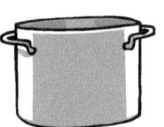

Pott

la olla

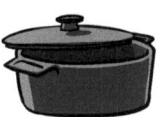

Gussiesern Putt

la olla de hierro fundido

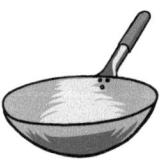

Wok / Kadai

el wok

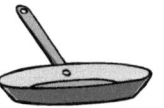

Pann

la cazuela

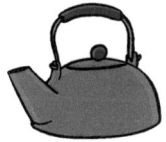

Waterkaker

el hervidor

Dampkaakputt

la vaporera

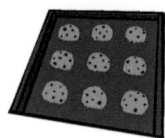

Backblick

la chapa de horno

Geschirr

la vajilla

Beker

la taza

Schaal

el tazón

Eetsticken

los palillos

Suppenkell

el cucharón

Pannenwenner

la espumadera

Sneebessen

el batidor

Kaakseef

el colador

Seef

el cedazo

Riev

el rallador

Mörser

el mortero

Grill

la barbacoa

Füerstell

la hoguera

Sniedbrett

la tabla de picar

Nudelholt

el rodillo

Proppentrecker

el sacacorchos

Doos

la lata

Dosenaapner

el abrelatas

Pottlappen

el agarrador

Waschbecken

el lavabo

Böst

el cepillo

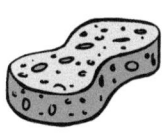

Swamm

la esponja

Mixer

la batidora

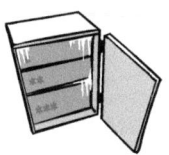

Iesschapp

el congelador

Nuckelbuddel

el biberón

Waterhahn

el grifo

Baadstuuv
el cuarto de baño

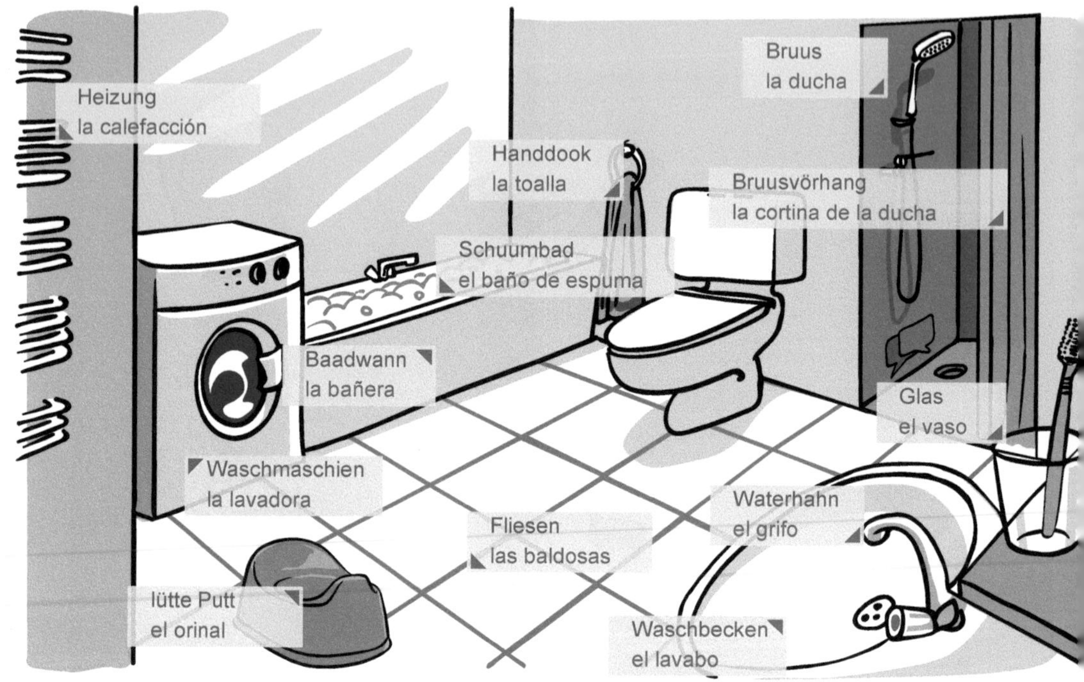
Bruus
la ducha
Heizung
la calefacción
Handdook
la toalla
Bruusvörhang
la cortina de la ducha
Schuumbad
el baño de espuma
Baadwann
la bañera
Glas
el vaso
Waschmaschien
la lavadora
Waterhahn
el grifo
Fliesen
las baldosas
lütte Putt
el orinal
Waschbecken
el lavabo

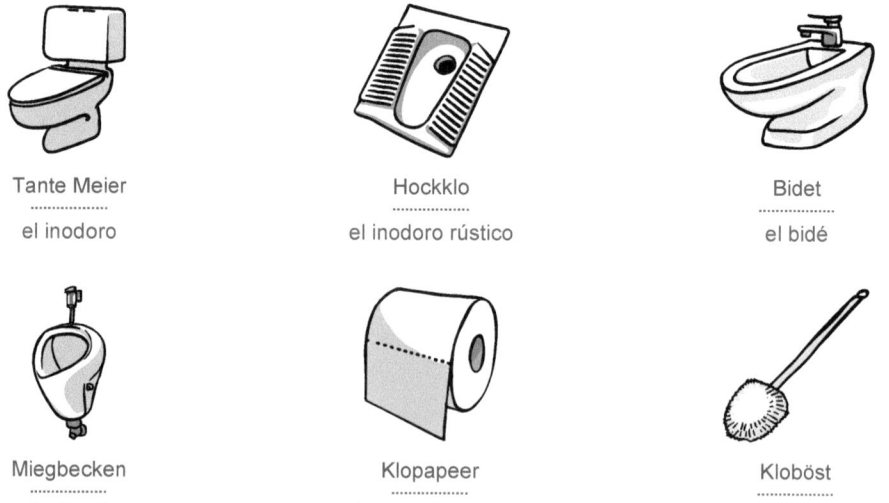

Tante Meier
el inodoro

Hockklo
el inodoro rústico

Bidet
el bidé

Miegbecken
el urinario

Klopapeer
el papel higiénico

Kloböst
la escobilla del váter

Tähnböst

el cepillo de dientes

Tähnpast

la pasta de dientes

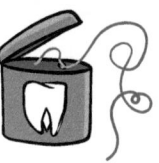

Tähnsied

el hilo dental

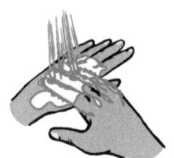

waschen

lavar

Handbruus

la ducha de mano

Intimbruus

la ducha íntima

Waschschöttel

la pila

Rüchböst

el cepillo de espalda

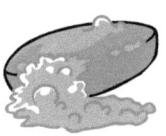

Seep

el jabón

Bruusgeel

el gel de ducha

Hoorwaschmiddel

el champú

Waschlappen

la toallita

Afloop

el desagüe

Creme

la crema

Deodorant

el desodorante

Spegel

el espejo

Kosmetikspegel

el espejo de tocador

Raserer

la maquinilla de afeitar

Raseerschuum

la espuma de afeitar

Raseerwater

la loción postafeitado

Kamm

el peine

Böst

el cepillo

Hoordröger

el secador

Hoorspray

la laca

Smink

el maquillaje

Lippensticken

el pintalabios

Nagellack

el pintauñas

Watt

el algodón

Nagelscheer

el cortauñas

Rüükwater

el perfume

Kulturbüdel

el estuche de viaje

Schemel

la banqueta

Waag

la balanza

Baadmantel

el albornoz

Gummihanschen

los guantes de goma

Tampon

el tampón

Damenbinn

la compresa

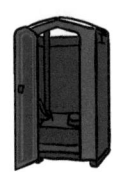

Chemieklo

el inodoro químico

Kinnerstuuv

la habitación de los niños

Wecker
el despertador
Knudeldeert
el peluche
Speeltüüchauto
el coche de juguete
Klöter
el sonajero
Poppenhuus
la casa de muñecas
Geschenk
el regalo

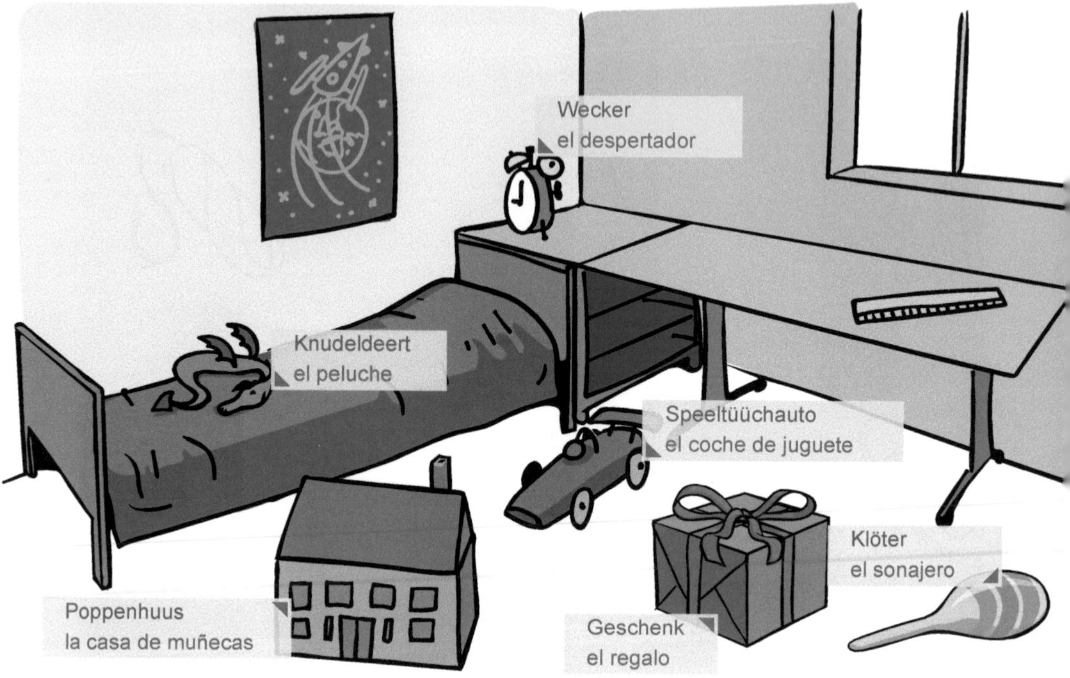

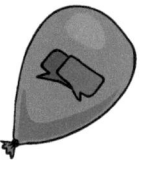

Luftballon

el globo

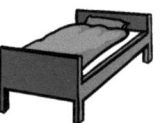

Puuch

la cama

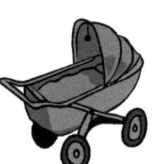

Kinnerwagen

el coche de niño

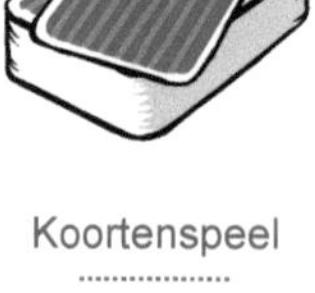

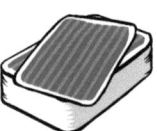

Koortenspeel

los naipes

Puzzle

el puzle

SUPER
MEGA

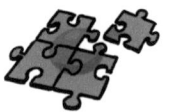

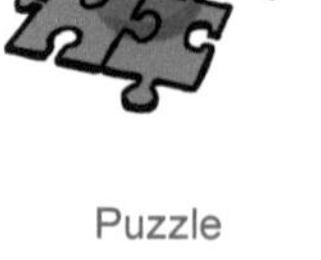

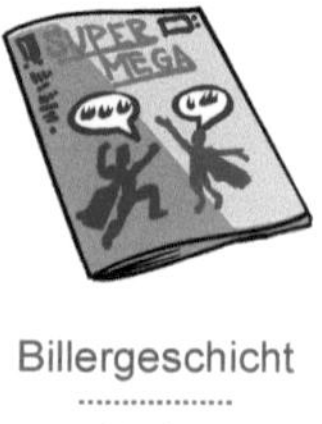

Billergeschicht

el tebeo

Legostenen

las piezas de lego

Bustenen

los bloques de juguete

Action-Figur

la figura de acción

Strampelantog

el bodi (de bebé)

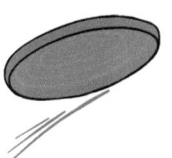

Frisbeeschiev

el frisbee

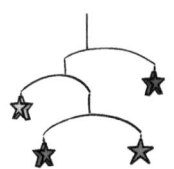

Mobile

el colgador móvil para bebés

Brettspeel

el juego de mesa

Wörpel

los dados

Modelliesenbahn

el circuito de tren eléctrico

Snuller

el maniquí

Party

la fiesta

Billerbook

el álbum de fotos

Ball

la pelota

Popp

la muñeca

spelen

jugar

Sandkassen

el cajón de arena

Schuckel

el columpio

Speeltüüch

los juguetes

Speelkonsool

la videoconsola

Dreerad

el triciclo

Teddyboor

el oso de peluche

Klederschapp

la guardarropa

Tüüch

la ropa

Socken

los calcetines

Strümp

las medias

Strumpbüx

los leotardos

Halsdook
la bufanda

Paraplü
el paraguas

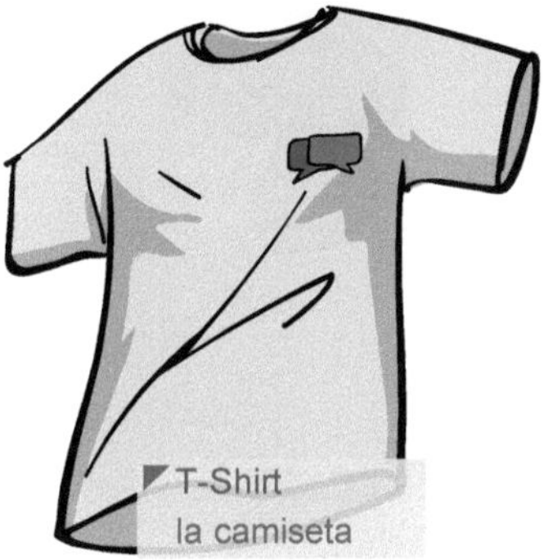

T-Shirt
la camiseta

Liefreem
el cinturón

Stevel
las botas

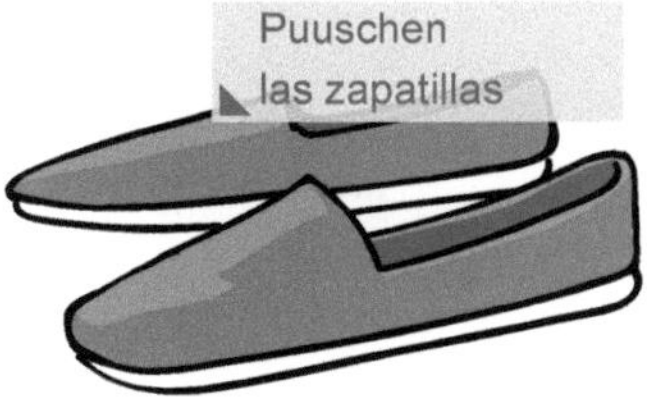

Puuschen
las zapatillas

Turnschoh
las deportivas

Sandalen

las sandalias

Schoh

los zapatos

Gummistevel

las botas de goma

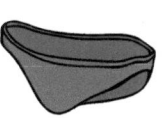

Ünnerbüx

el slip

Bostholler

el sostén

Ünnerhemd

el chaleco

Lief

el bodi

Büx

los pantalones cortos

Jeansnüx

los vaqueros

Rock

la falda

Bluus

la blusa

Hemd

la camisa

Pullover

el jersey

Kapuzenpullover

el suéter

Blazer

el blazer

Jack

la chaqueta

Mantel

el abrigo

Övertrecker

la gabardina

Kostüm

el traje

Kleed

el vestido

Hochtietskleed

el vestido de novia

Antog

el traje

Nachtkleed

el camisón

Slaapantog

el pijama

Sari

el sati

Koppdook

el bandana

Turban

el turbante

Burka

la burka

Kaftan

el caftán

Abaya

la abaya

Baadantog

el traje de baño

Baadbüx

el bañador

Korte Büx

los pantalones cortos

Antog to'n Öven

el chándal

Schört

el delantal

Handschoh

los guantes

Knopp

el botón

Brill

las gafas

Armband

el brazalete

Halskeed

el collar

Ring

el anillo

Ohrbummel

el pendiente

Mütz

la gorra

Klederbögel

la percha

Hoot

el sombrero

Binner

la corbata

Rietslüter

la cremallera

Helm

el casco

Drachtband

los tirantes

Schooluniform

el uniforme

Uniform

el uniforme

Severböten
....
el babero

Snuller
....
el maniquí

Winnel
....
el pañal

Büro
la oficina

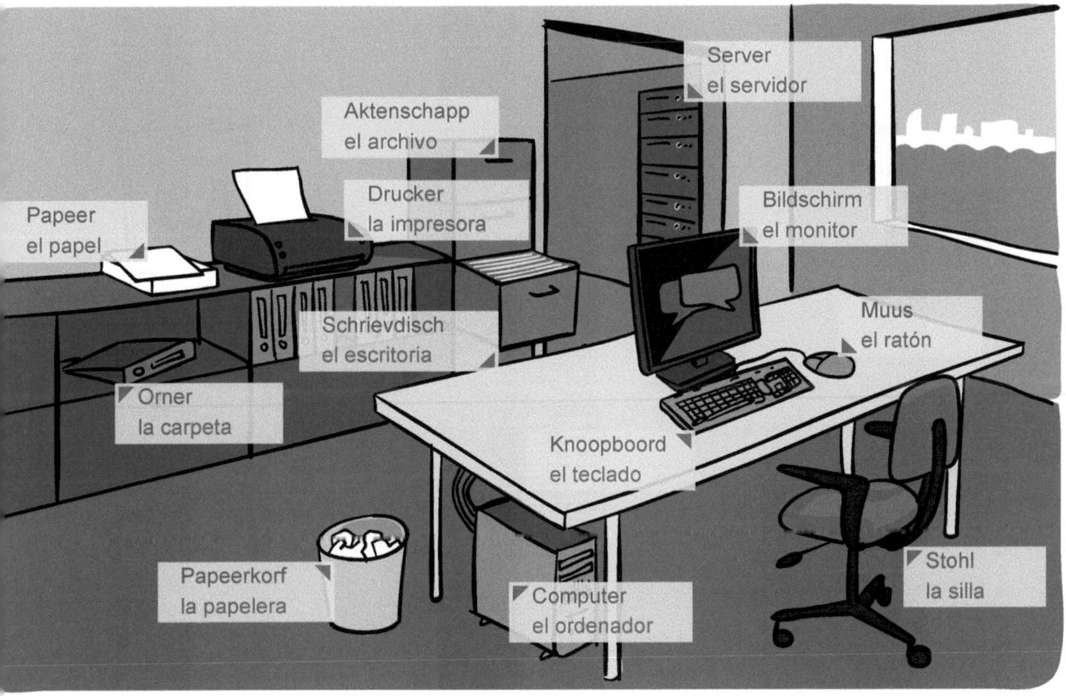

Server
el servidor

Aktenschapp
el archivo

Drucker
la impresora

Papeer
el papel

Bildschirm
el monitor

Schrievdisch
el escritoria

Muus
el ratón

Orner
la carpeta

Knoopboord
el teclado

Papeerkorf
la papelera

Stohl
la silla

Computer
el ordenador

Koffiebeker
....
la taza de café

Taschenreekner
....
la calculadora

Internet
....
el internet

Klappreekner

el portátil

Breef

la carta

Naricht

el mensaje

Ackersnacker

el móvil

Nettwark

la red

Kopeerapparat

la fotocopiadora

Software

el software

Klöönkassen

el teléfono

Steekdoos

la toma de corriente

Faxapparat

el fax

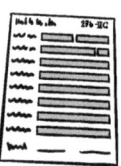

Formulor

el formulario

Dokument

el documento

köpen
....
comprar

betahlen
....
pagar

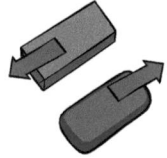

hanneln
....
comerciar

Geld
....
el dinero

Dollar
....
el dólar

Euro
....
el euro

Yen
....
el yen

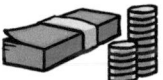

Ruvel
....
el rublo

Swiezer Franken
....
el franco suizo

Renminbi Yuan
....
el renminbi yuan

Rupie
....
la rupia

Geldautomat
....
el cajero automático

Wesselstuuv

la oficina de cambio de divisas

Gold

el oro

Sülver

la plata

Ööl

el petróleo

Energie

la energía

Pries

el precio

Verdrag

el contrato

Stüer

el impuesto

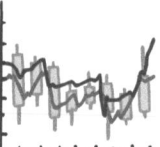

Andeelschien

la acción

arbeiden

trabajar

Anstellte

el empleador

Arbeitgever

el empleador

Fabrik

la fábrica

Hökerie

la tienda de campaña

Profeschonen
los oficios

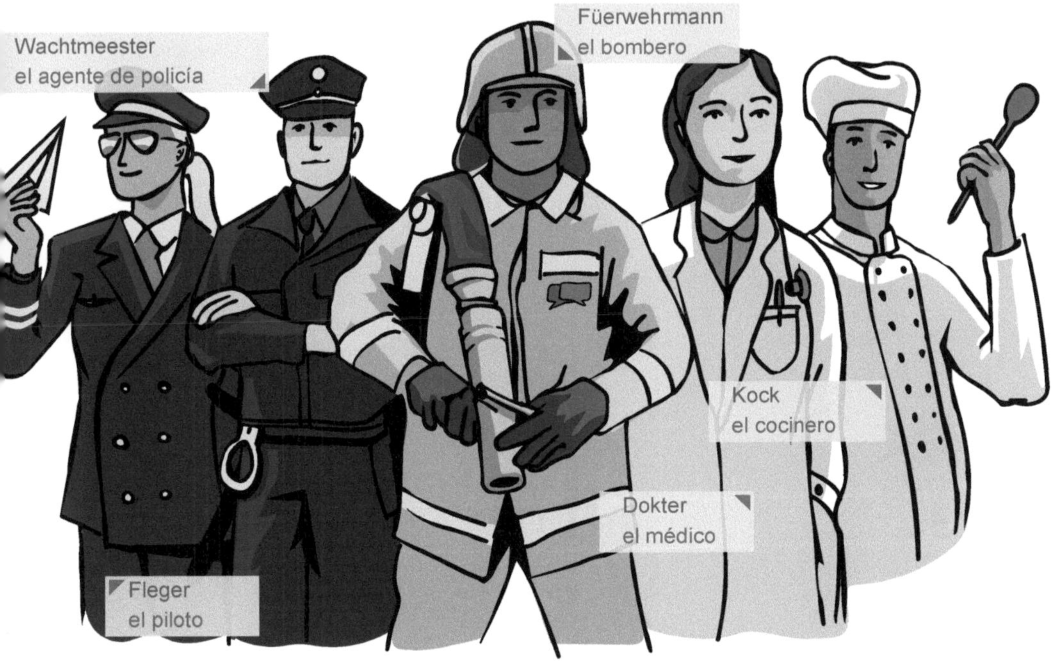

Füerwehrmann
el bombero
Wachtmeester
el agente de policía
Kock
el cocinero
Dokter
el médico
Fleger
el piloto

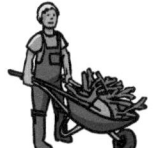

Goorner

el jardinero

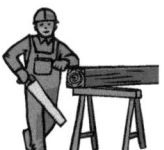

Discher

el carpintero

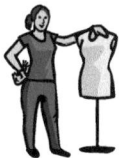

Neihersche

la costurera

Richter

el juez

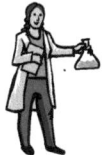

Chemiker

el farmacéutico

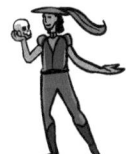

Schauspeler

el actor

Busfohrer

el conductor de autobús

Taxifohrer

el taxista

Fischer

el pescador

Reinmaakfru

la señora de la limpieza

Dackdecker

el techador

Kellner

el camarero

Jäger

el cazador

Maler

el pintor

Bäcker

el panadero

Elektriker

el electricista

Buarbeider

el obrero

Ingenieur

el ingeniero

Slachter

el carnicero

Klempner

el fontanero

Postbüdel

el cartero

Suldat

el soldado

Architekt

el arquitecto

Kasserer

el cajero

Florist

el florista

Putzbüdel

el peluquero

Schaffner

el revisor

Mechaniker

el mecánico

Kaptein

el capitán

Tähndokter

el dentista

Wetenschopler

el científico

Rabbi

el rabino

Imam

el imán

Mönk

el monje

Paap

el sacerdote

Warktüüch
las herramientas

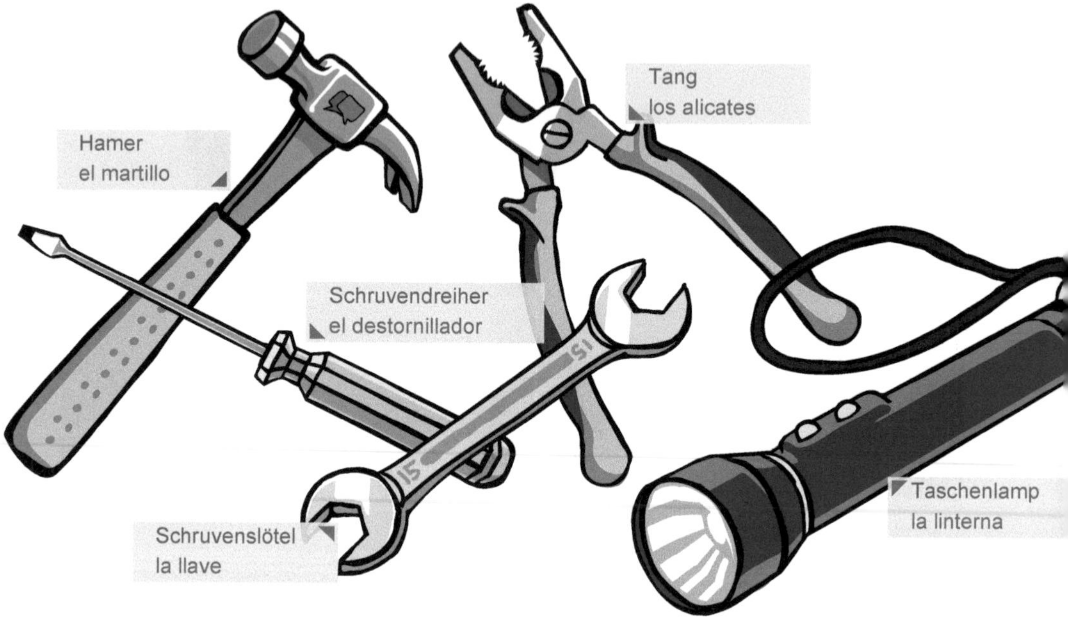
Hamer
el martillo
Tang
los alicates
Schruvendreiher
el destornillador
Schruvenslötel
la llave
Taschenlamp
la linterna

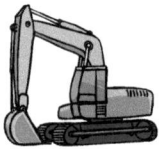

Grieper

la excavadora

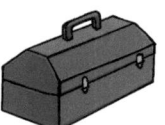

Warktüüchkassen

la caja de herramientas

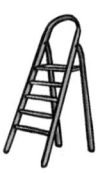

Ledder

la escalera de mano

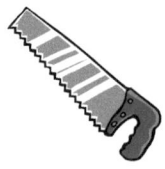

Saag

la sierra

Nagels

los clavos

Bohrer

el taladro

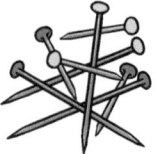

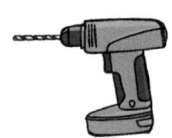

heelmaken
reparar

Schüffel
la pala

Schiet!
¡Maldita sea!

Kehrblick
el recogedor

Farvpott
el bote de pintura

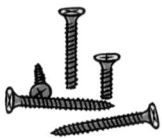

Schruven
los tornillos

Musikinstrumenten
los instrumentos musicales

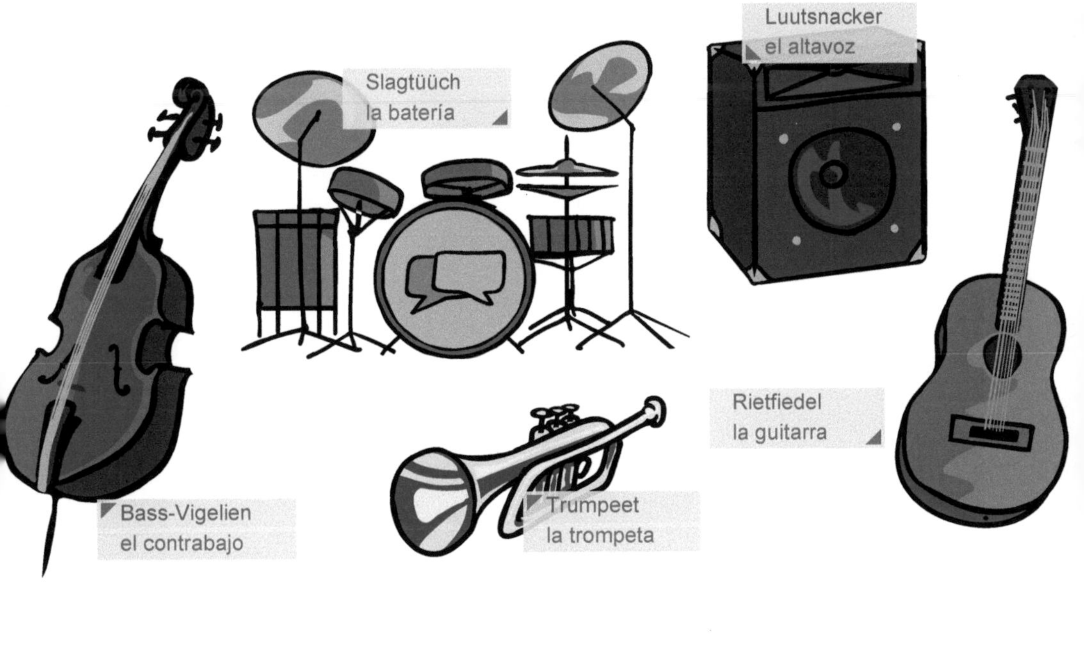

Slagtüüch
la batería

Luutsnacker
el altavoz

Rietfiedel
la guitarra

Bass-Vigelien
el contrabajo

Trumpeet
la trompeta

Klaveer

el piano

Vigelien

el violín

Bass

bajo

Pauk

los timbales

Trummeln

el tambor

Keyboard

el teclado

Saxophon

el saxofón

Fleut

la flauta

Mikrofoon

el micrófono

Deertenpark

el zoo

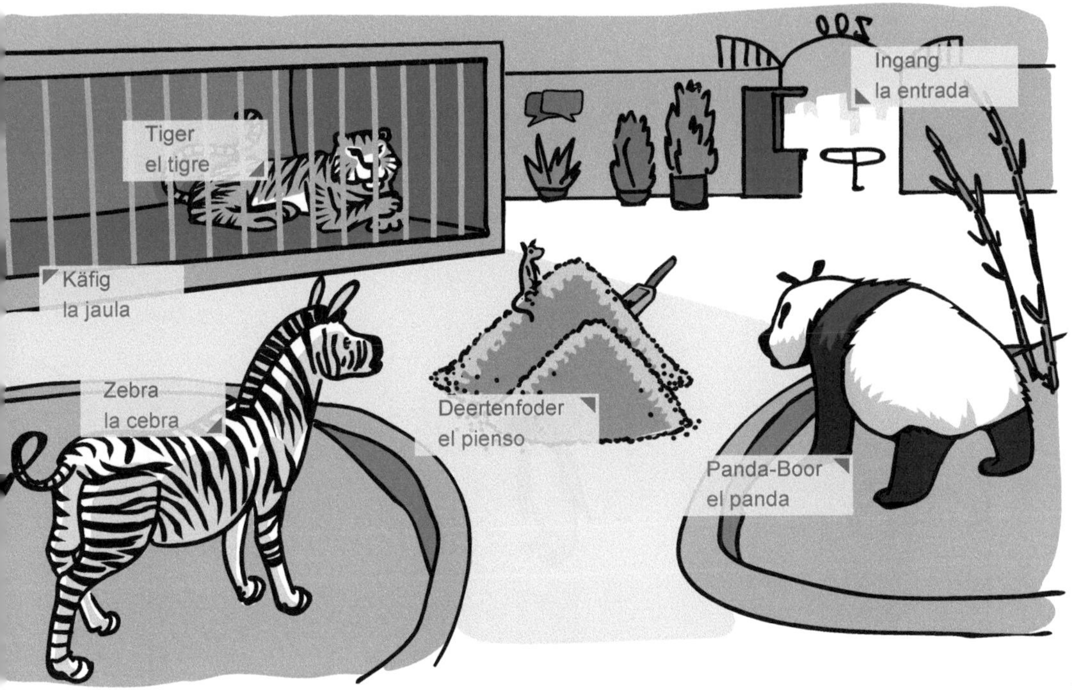

Tiger
el tigre
Käfig
la jaula
Ingang
la entrada
Zebra
la cebra
Deertenfoder
el pienso
Panda-Boor
el panda

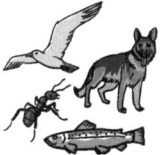

Deerten

los animales

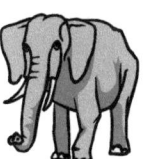

Elefant

el elefante

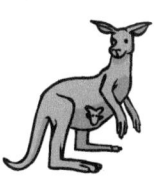

Känguru

el canguro

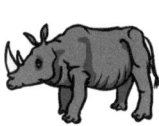

Neeshoorn

el rinoceronte

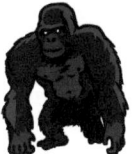

Gorilla

el gorila

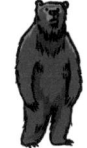

Boor

el oso

Kameel

el camello

Struuß

el avestruz

Lööv

el león

Aap

el mono

Flamingo

el flamingo

Papagoi

el loro

Iesboor

el oso polar

Pinguin

el pingüino

Haifisch

el tiburón

Pageluun

el pavo real

Slang

la serpiente

Krokodil

el cocodrilo

Oppasser in'n Deertenpark

el guardián de zoológico

Saalhund

la foca

Jaguor

el jaguar

Pony

el poni

Leopard

el leopardo

Nilpeerd

el hipopótamo

Giraff

la jirafa

Aadler

el águila

Wildswien

el jabalí

Fisch

el pescado

Schildkrööt

la tortuga

Walross

la morsa

Voss

el zorro

Gazell

la gacela

Sport
los deportes

Amerikaansch Football
el fútbol americano

Radfohren
el ciclismo

Tennis
el tenis

Korfball
el baloncesto

Swümmen
la natación

Boxen
el boxeo

Ieshockey
el hockey sobre hielo

Football
el fútbol

Fedderball
el bádminton

Leichtathletik
el atletismo

Handball
el balonmano

Skilopen
el esquí

Polo
el polo

Aktivitäten
las actividades

lachen
reír
springen
saltar
ümarmen
abrazar
gahn
caminar
singen
cantar
drömen
soñar
beden
rezar
snuteln
besar

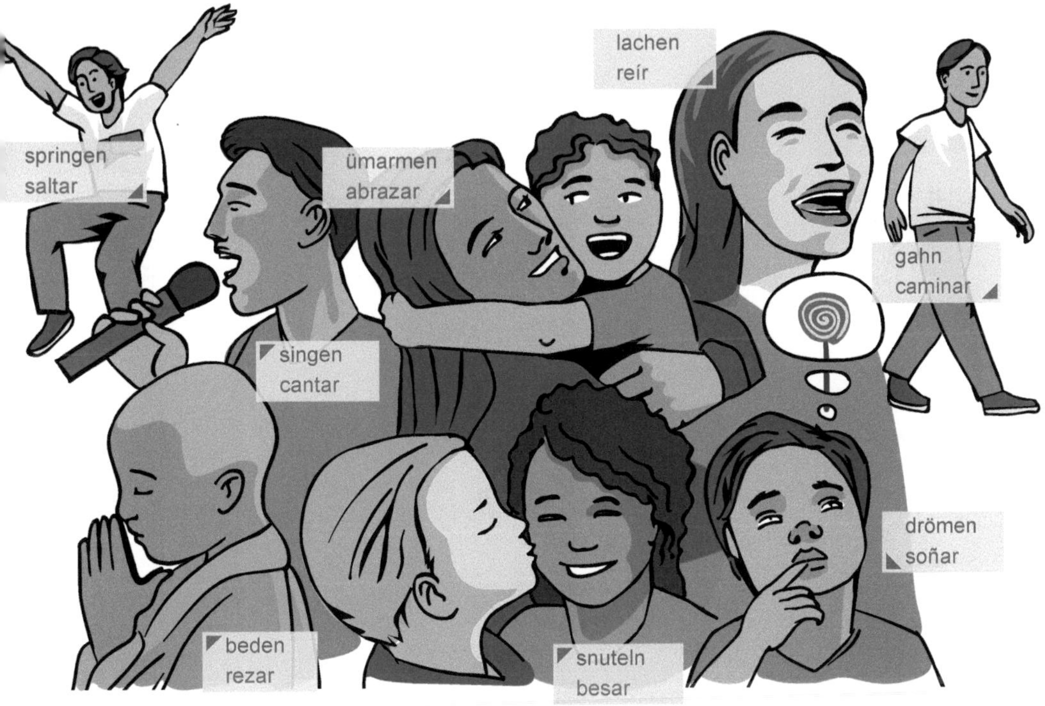

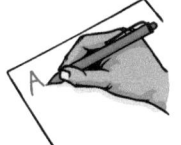

schrieven

escribir

teken

dibujar

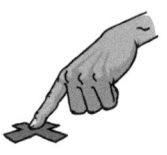

wiesen

mostrar

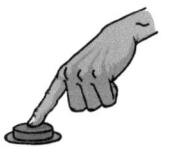

drücken

empujar

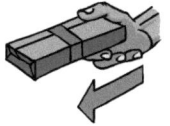

geven

dar

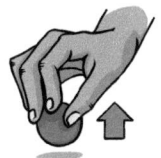

nehmen

tomar

hebben
tener

doon
hacer

sien
ser

stahn
estar de pie

lopen
correr

trecken
tirar

smieten
tirar

fallen
caer

liggen
yacer

töven
esperar

dregen
llevar

sitten
estar sentado

antrecken
vestirse

slapen
dormir

opwaken
despertar

ankieken

mirar

wenen

llorar

eien

acariciar

kämmen

peinar

snacken

hablar

verstahn

entender

fragen

preguntar

hören

escuchar

drinken

beber

eten

comer

oprümen

ordenar

leefhebben

amar

kaken

cocinar

fohren

conducir

flegen

volar

segeln

navegar

reken

calcular

lesen

leer

lehren

aprender

arbeiden

trabajar

de Plünnen tohoopsmieten

casarse

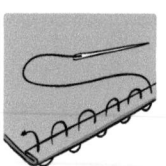

neihen

coser

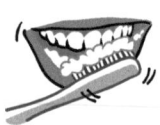

Tähnen putzen

cepillarse los dientes

dootmaken

matar

smöken

fumar

schicken

enviar

Grootmoder
la abuela

Grootvadder
el abuelo

Vadder
el padre

Moder
la madre

Winnelkind
el bebé

Dochter
la hija

Söhn
el hijo

Gast

el invitado

Tant

la tía

Unkel

el tío

Broder

el hermano

Süster

la hermana

Lief
el cuerpo

Vörkopp
la frente
Oog
el ojo
Schuller
el hombro
Finger
el dedo
Gesicht
la cara
Kinn
la barbilla
Hand
la mano
Bost
el pecho
Been
la pierna
Arm
el brazo

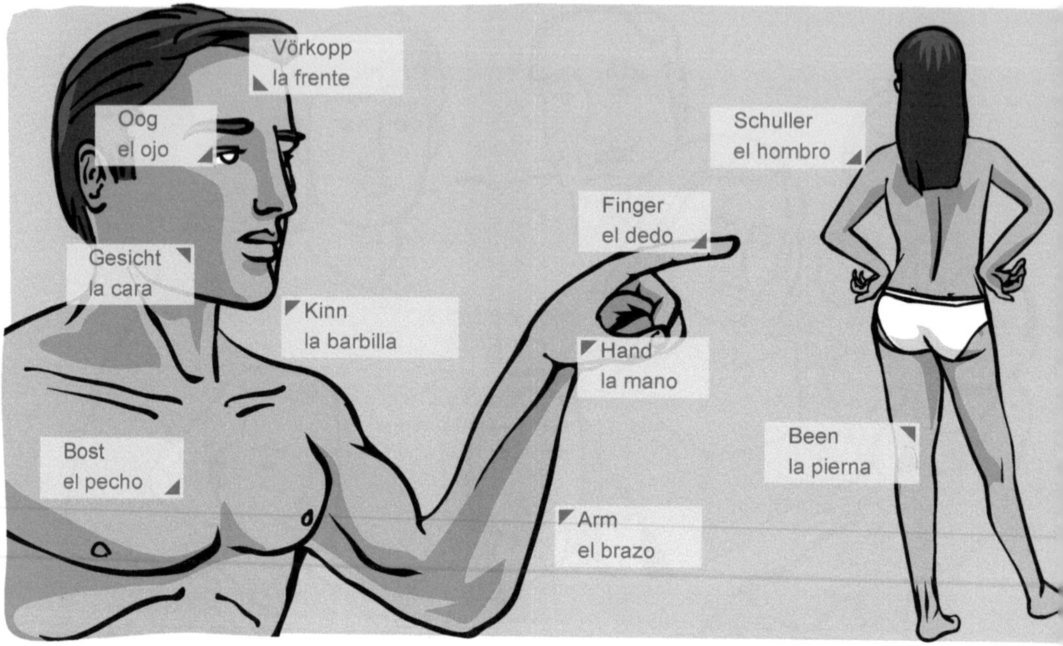

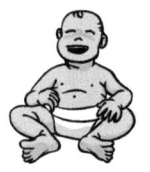

Winnelkind

el bebé

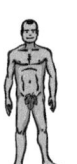

Mann

el hombre

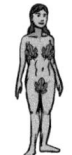

Fro

la mujer

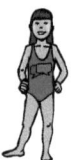

Deern

la chica

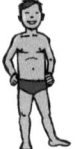

Jung

el chico

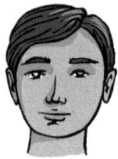

Arm

la cabeza

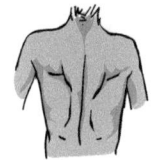

Rüch
la espalda

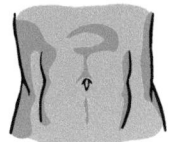

Buuk
el vientre

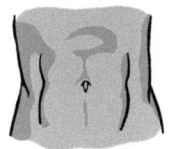

Navel
el ombligo

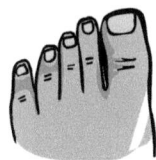

Teh
el dedo del pie

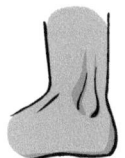

Hack
el talón

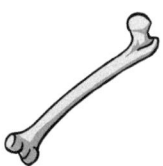

Knaken
el hueso

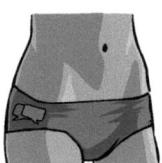

Hüft
la cadera

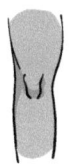

Knee
la rodilla

Ellbagen
el codo

Nees
la nariz

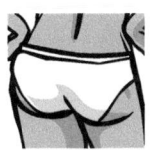

Achtersen
el trasero

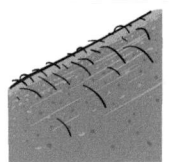

Huut
la piel

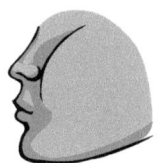

Back
la mejilla

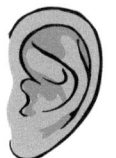

Ohr
el oído

Lipp
el labio

Mund

la boca

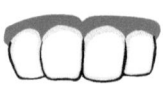

Tähn

el diente

Tung

la lengua

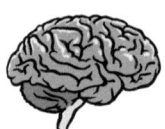

Bregen

el cerebro

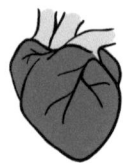

Hart

el corazón

Muskel

el músculo

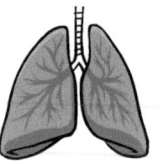

Lung

el pulmón

Lever

el hígado

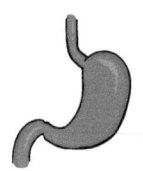

Maag

el estómago

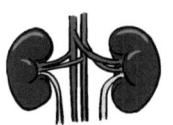

Neren

los riñones

Bislaap

el sexo

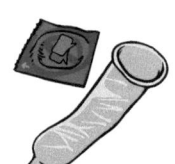

Kondoom

el condón

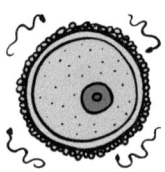

Eizell

el ovario

Sperma

el semen

Anner Ümstänn

el embarazo

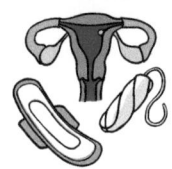

Menstruatschoon

la menstruación

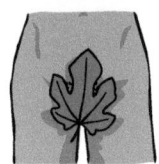

Scheed

la vagina

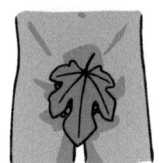

Pint

el pene

Ogenbroe

la ceja

Hoor

el pelo

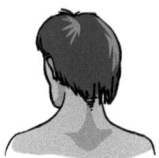

Hals

el cuello

Krankenhuus
el hospital

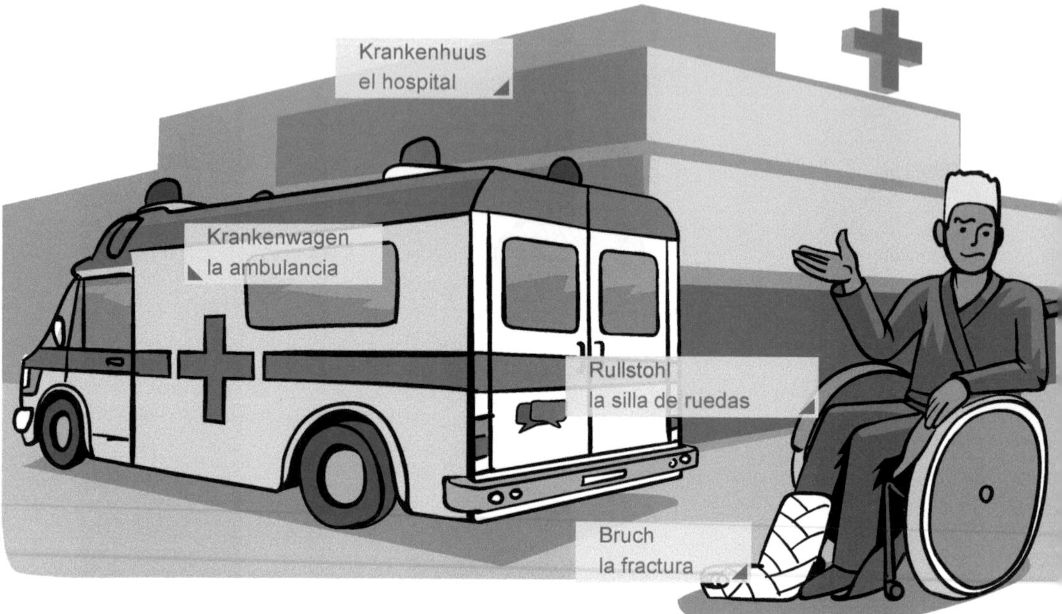

Krankenhuus
el hospital
Krankenwagen
la ambulancia
Rullstohl
la silla de ruedas
Bruch
la fractura

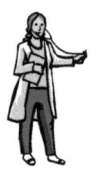

Dokter

el médico

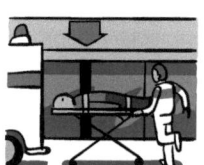

Nootopnahm

la sala de urgencias

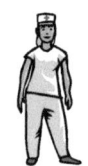

Krankensüster

la enfermera

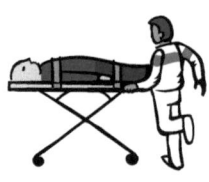

Nootfall

la urgencia

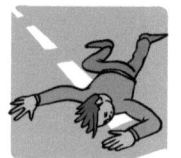

ahnmächtig

inconsciente

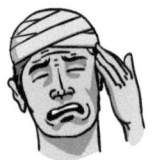

Wehdaag

el dolor

Verwunnen

la lesión

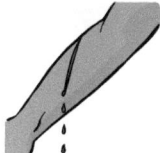

Blöden

la hemorragia

Hartinfarkt

el infarto

Slaganfall

el ictus

Allergie

la alergia

Hoosten

la tos

Fever

la fiebre

Gripp

la gripe

Dörchfall

la diarrea

Koppwehdaag

el dolor de cabeza

Kreeft

el cáncer

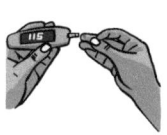

Zuckersüük

la diabetes

Chirurg

el cirujano

Chirurgsch Mess

el bisturí

Operatschoon

la operación

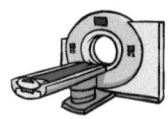

CT
TAC

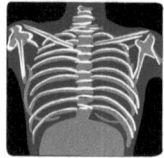

Dörchlüchten
los rayos x

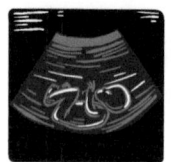

Ultraschall
el ultrasonido

Mask
la mascarilla

Krankheit
la enfermedad

Töövruum
la sala de espera

Krück
la muleta

Plaaster
la tirita

Verband
la venda

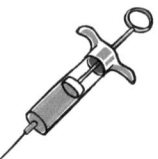

Insprütten
la inyección

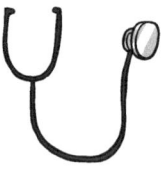

Stethoskop
el estetoscopio

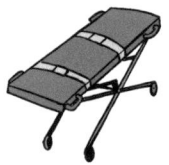

Draag
la camilla

Feverthermometer
el termómetro

Geboort
el nacimiento

Övergewicht
el sobrepeso

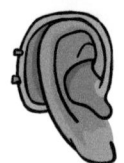

Höörapparat

el audífono

Kiemfriemiddel

el desinfectante

Ansteken

la infección

Virus

el virus

HIV / AIDS

VIH / SIDA

Heelmiddel

la medicina

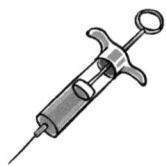

Impen

la vacunación

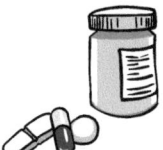

Tabletten

las tabletas

Pill

la pastilla

Nootroop

la llamada de urgencia

Blootdruck-Meter

el tensiómetro

krank / gesund

enfermo / sano

Hölp!

¡Socorro!

Alarm

la alarma

Överfall

el asalto

Angreep

el ataque

Gefohr

el peligro

Nootutgang

la salida de emergencia

Füer!

¡Fuego!

Füerlöscher

el extintor de incendios

Unfall

el accidente

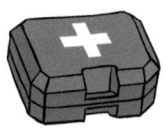

Noothölpkoffer

el botiquín de primeros auxilios

SOS

SOS

Polizei

la policía

Europa

Europa

Noordamerika

Norteamérica

Süüdamerika

Sudamérica

Afrika

África

Asien

Asia

Australien

Australia

Atlantik

el atlántico

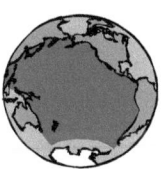

Pazifik

el Pacífico

Indisch Weltmeer

el Océano Índico

Antarktisch Weltmeer

el Océano Antártico

Arktisch Weltmeer

el Océano Ártico

Noordpol

el polo norte

Süüdpol

el polo sur

Antarktis

La Antártida

Eerd

la tierra

Land

la tierra

See

el mar

Eiland

la isla

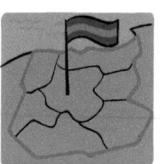

Natschoon

la nación

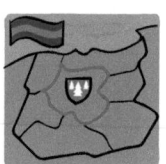

Staat

el estado

Tallenblatt

la esfera

Stunnenwieser

la manecilla de las horas

Minutenwieser

el minutero

Sekunnenwieser

el segundero

Wo laat is dat?

¿Qué hora es?

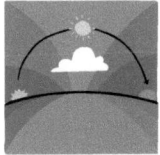

Dag

el día

Tiet

el tiempo

nu

ahora

digetaalsch Klock

el reloj digital

Minuut

el minuto

Stunn

la hora

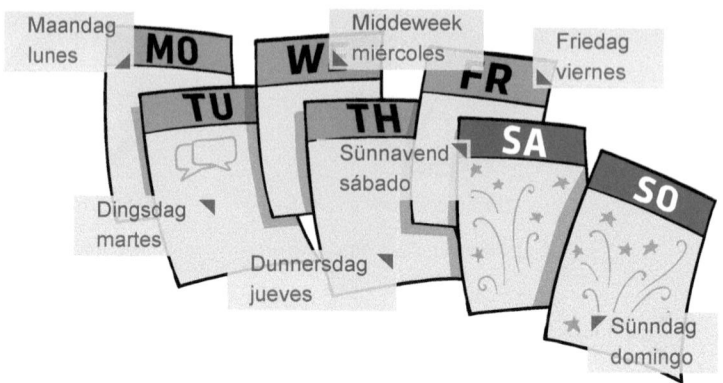

Maandag
lunes

Middeweek
miércoles

Friedag
viernes

Dingsdag
martes

Dunnersdag
jueves

Sünnavend
sábado

Sünndag
domingo

güstern

ayer

hüüt

hoy

morgen

mañana

Morgen

la mañana

Meddag

el mediodía

Avend

la tarde

Arbeitsdaag

los días laborables

Wekenenn

el fin de semana

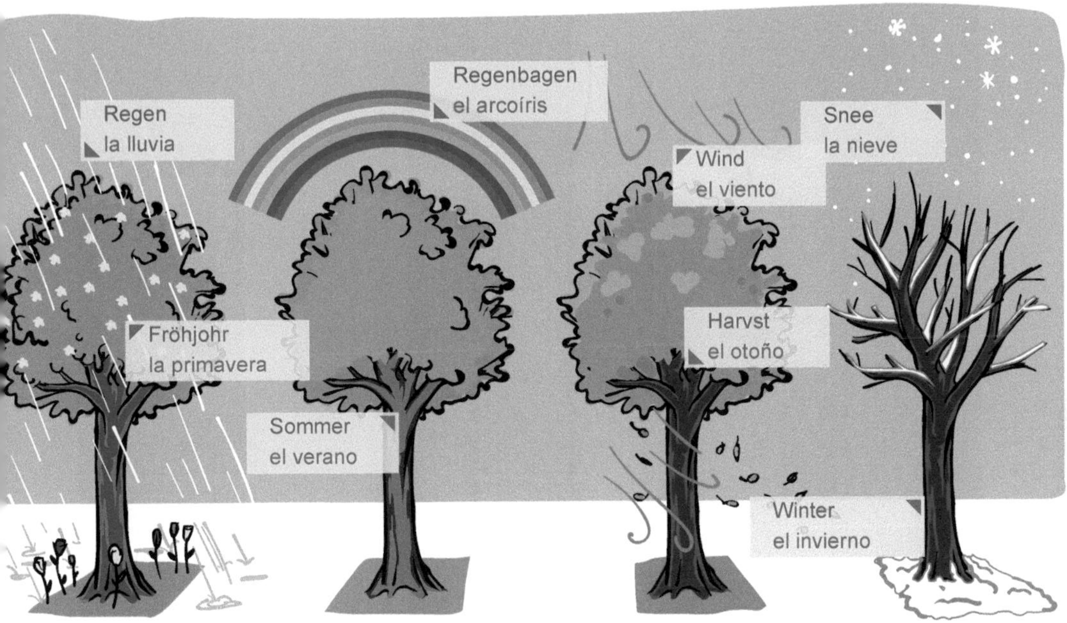

Regen
la lluvia
Regenbagen
el arcoíris
Snee
la nieve
Wind
el viento
Fröhjohr
la primavera
Harvst
el otoño
Sommer
el verano
Winter
el invierno

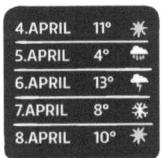

4.APRIL 11°
5.APRIL 4°
6.APRIL 13°
7.APRIL 8°
8.APRIL 10°

Wedervörhersaag

el pronóstico del tiempo

F C
120 40
90 30
60 20
30 10
0 0
-30 -10
-20

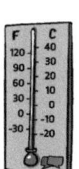

Thermometer

el termómetro

Sünnenschien

el sol

Wulk

la nube

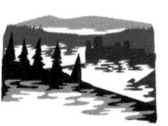

Nevel

la niebla

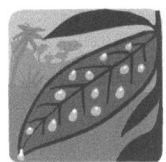

Luftfuchtigkeit

la humedad

Blitz

el rayo

Dunner

el trueno

Storm

la tormenta

Hagel

el granizo

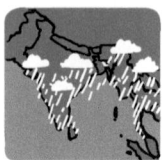

Monsun

el monzón

Floot

la inundación

Ies

el hielo

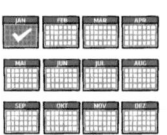

Januormaand

enero

Februormaand

febrero

Martmaand

marzo

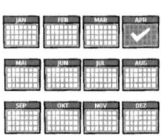

Aprilmaand

abril

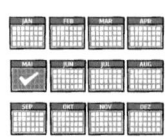

Maimaand

mayo

Junimaand

junio

Julimaand

julio

Augustmaand

agosto

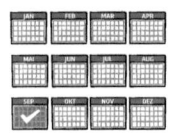

Septembermaand

septiembre

Oktobermaand

octubre

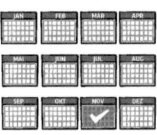

Novembermaand

noviembre

Dezembermaand

diciembre

Formen
las formas

Krink

el círculo

Quadrat

el cuadrado

Rechteck

el rectángulo

Dreeeck

el triángulo

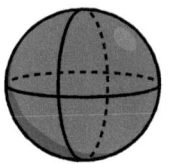

Kugel

la esfera

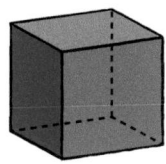

Wörpel

el cubo

Farven
colores

witt

blanco

geel

amarillo

orangsch

anaranjado

pink

rosa

root

rojo

lila

morado

blau

azul

gröön

verde

bruun

marrón

gries

gris

swart

negro

veel / wenig

mucho / poco

böös / verdreeglich

enojado / tranquilo

smuck / mies

bonito / feo

Begünn / Enn

principio / fin

groot / lütt

grande / pequeño

hell / düüster

claro / oscuro

Broder / Süster

el hermano / la hermana

schier / schietig

limpio / sucio

kumpleet / nich kumpleet

completo / incompleto

Dag / Nacht

el día / la noche

doot / lebennig

muerto / vivo

breet / small

ancho / estrecho

geneetbor / nich geneetbor

comestible / no comestible

böös / fründlich

malo / amable

fickerig / langwielt

entusiasmado / aburrido

dick / dünn

gordo / delgado

toeerst / toletzt

primero / último

Fründ / Fiend

el amigo / el enemigo

vull / leddig

lleno / vacío

hart / week

duro / blando

swoor / licht

pesado / ligero

Smacht / Döst

el hambre / la sed

krank / gesund

enfermo / sano

nich na't Recht / na't Recht

ilegal / legal

klook / dummerhaftig

inteligente / tonto

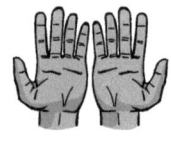

linkerhand / rechterhand

izquierda / derecha

neeg / feern

cerca / lejos

nieg / bruukt

nuevo / usado

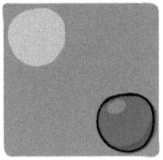

nix / wat

nada / algo

oolt / jung

viejo / joven

an / ut

encendido / apagado

apen / slaten

abierto / cerrado

lies / luut

silencioso / ruidoso

riek / arm

rico / pobre

richtig / verkehrt

correcto / incorrecto

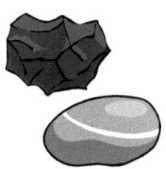

ruug / glatt

áspero / suave

trurig / glücklich

triste / contento

kort / lang

corto / largo

suutje / flink

lento / rápido

natt / dröög

húmedo / seco

warm / köhl

cálido / frío

Krieg / Freden

guerra / paz

0

null

cero

1

een

uno

2

twee

dos

3

dree

tres

4

veer

cuatro

5

fief

cinco

6

söss

seis

7

söven

siete

8

acht

ocho

9

negen

nueve

10

teihn

diez

11

ölven

once

12

twölf
doce

13

dörteihn
trece

14

veerteihn
catorce

15

föffteihn
quince

16

sössteihn
dieciséis

17

söventeihn
diecisiete

18

achtteihn
dieciocho

19

negenteihn
diecinueve

20

twintig
veinte

100

hunnert
cien

1.000

dusend
mil

1.000.000

million
el millón

Engelsch

el inglés

Amerikaansch Engelsch

el inglés americano

Chineesch Mandarin

el chino madarín

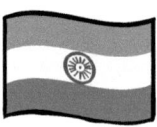

Hindi

el hindi

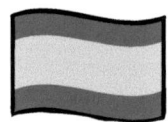

Spaansch

el español

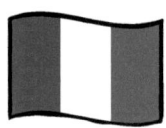

Franzöösch

el francés

Araabsch

el árabe

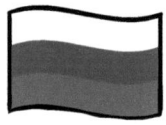

Rusch

el ruso

Portugiesch

el portugués

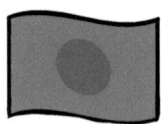

Bengaalsch

el bengalí

Düütsch

el alemán

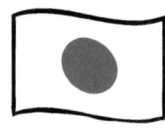

Japaansch

el japonés

ik
yo

du
tú

he / se / dat
él / ella / ello

wi
nosotros/as

ji
vosotros/as

se
ellos/as

keen?
¿quién?

wat?
¿qué?

woans?
¿cómo?

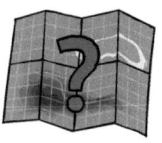

woneem?
¿dónde?

wannehr?
¿cuándo?

Naam
el nombre

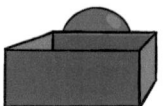

achter

detrás

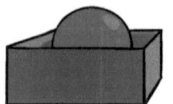

in

en

vör

delante de

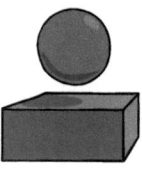

över

por encima de

op

sobre

ünner

debajo de

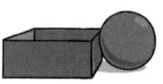

blangen

junto a

twüschen

entre

Oort

el lugar